Made in the USA
Middletown, DE
13 October 2023

40738852R00068